繪本 0058

大家一起來畫畫

作者｜竹下文子　繪者｜鈴木守　譯者｜王蘊潔
責任編輯｜蔡珮瑤　特約美術設計｜崔永嬿

發行人｜殷允芃
創辦人兼執行長｜何琦瑜
總經理｜王玉鳳
總監｜張文婷
副總監｜黃雅妮
版權專員｜何晨瑋

出版者｜親子天下股份有限公司　地址｜台北市 104 建國北路一段 96 號 11 樓　電話｜（02）2509-2800　傳真｜（02）2509-2462
網址｜ www.parenting.com.tw　讀者服務專線｜（02）2662-0332 週一～週五：09:00~17:30　讀者服務傳真｜（02）2662-6048
客服信箱｜ bill@service.cw.com.tw　法律顧問｜瀛睿兩岸暨創新顧問公司　總經銷｜大和圖書有限公司 電話：（02）8990-2588

出版日期｜ 2008 年 4 月第一版第一次印行　2019 年 12 月第一版第二十次印行
定價｜ 250 元　書號｜ BCKP0030P　ISBN ｜ 978-986-6759-33-8（精裝）

訂購服務
親子天下 Shopping ｜ shopping.parenting.com.tw
海外・大量訂購｜ parenting@service.cw.com.tw
書香花園｜台北市建國北路二段 6 巷 11 號 電話（02）2506-1635
劃撥帳號｜ 50331356 親子天下股份有限公司

立即購買 >

大家一起來畫畫

文・竹下文子　圖・鈴木守　譯・王蘊潔

ROCKET CRAYON
クレヨン

這是小蠟筆，

可以畫線條。

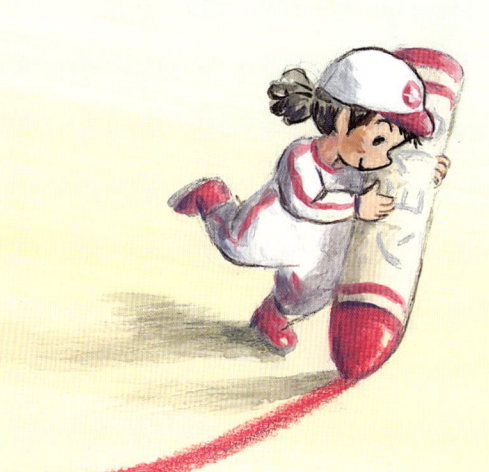

畫呀畫，畫呀畫，
畫出五顏六色的線條。

還可以變成火箭，
飛上天空呢！

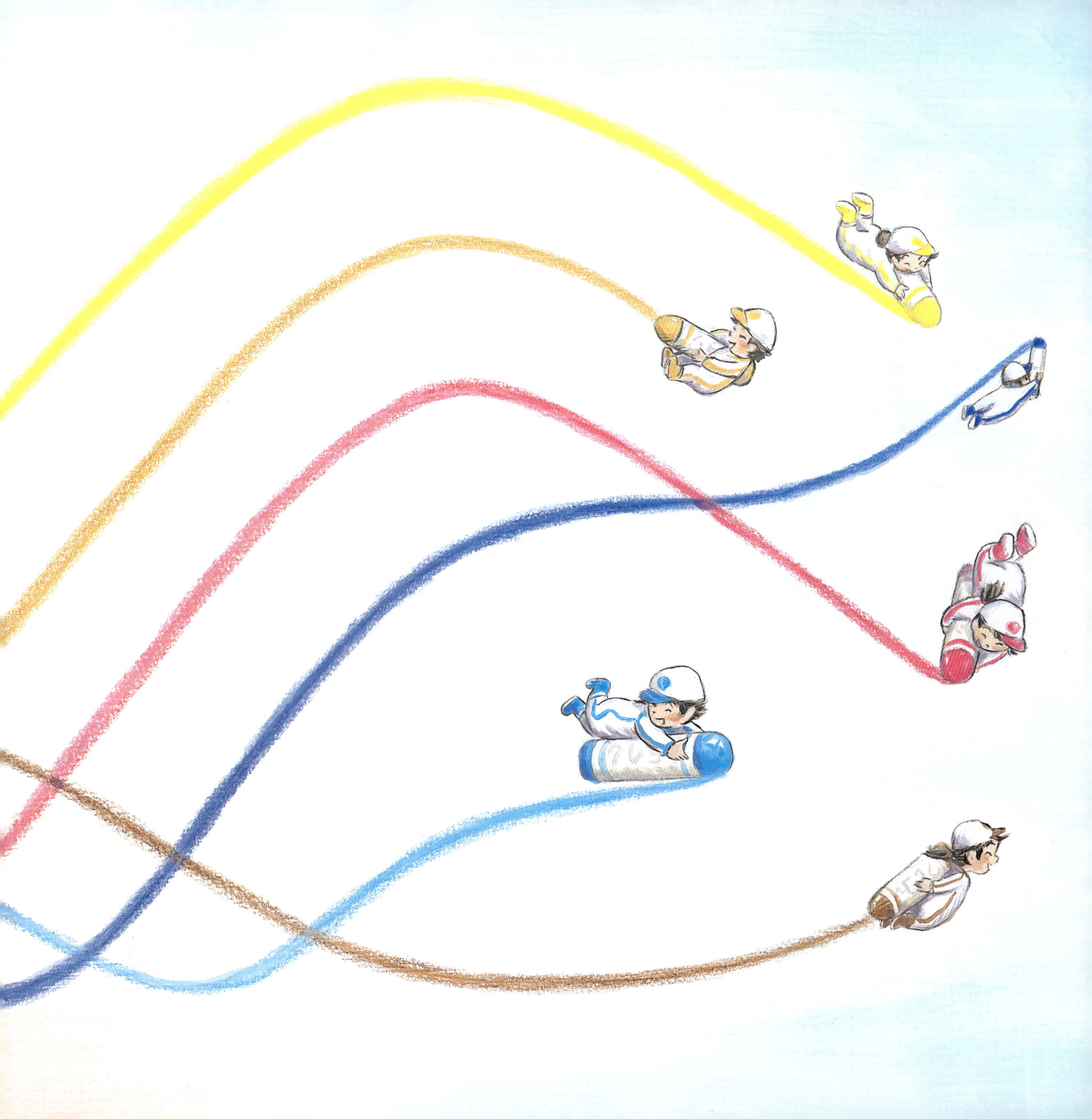

飛呀飛，飛呀飛，
轉哪轉，轉圈圈，
轉得眼睛都花了。

飛天小蠟筆，

想畫什麼，就畫什麼，

來畫好多好多喜歡的東西吧。

還要畫，還要畫，還要畫更多。

五彩繽紛的顏色統統來報到，
咦？這是什麼呢？

好大的鯨魚！

是蠟筆大鯨魚！

啊……

……嗯，

咕嚕！真好吃。

這是哪裡？

原來是鯨魚的大肚子裡。

大家加油嘍，
小心別迷路，
趕快去追飛天小蠟筆。

愈飛愈快，愈飛愈快，
前面好亮喔，
抓緊嘍喔，
1、2、3……

噗！

終於逃出來啦！

飛天小蠟筆順利降落！

鯨魚哥哥，不可以再把我們吃進肚子喔。

明天要畫什麼呢？

作者　竹下文子

一九五七年出生於日本福岡縣，畢業於東京學藝大學。主要作品有《獅子生日》、《歡迎來到月夜》、《抱抱我》、《餅乾王》等。和畫家鈴木守合作的作品有《大家一起鋪鐵軌》、《大家一起搭積木》、《大家一起來畫畫》、《大家一起做料理》、《企鵝冰箱》、【管家貓】系列、《公車來了》、【黑貓五郎】系列、《小薰和他的朋友》等。

繪者　鈴木守

一九五二年出生於東京。畫家、繪本作家、鳥巢研究家。主要繪本作品有《大家一起鋪鐵軌》、《大家一起搭積木》、《大家一起來畫畫》、《大家一起做料理》、《小小火車向前跑》、《小小火車變變變》、【ㄅㄨㄅㄨ，車子來了】系列（以上由親子天下出版）、《鳥巢大追蹤》（遠流）、《我的山居鳥日記》（遠流）、《鳥巢之歌》（玉山社）等。熱衷於日本各地舉辦鳥巢展覽。

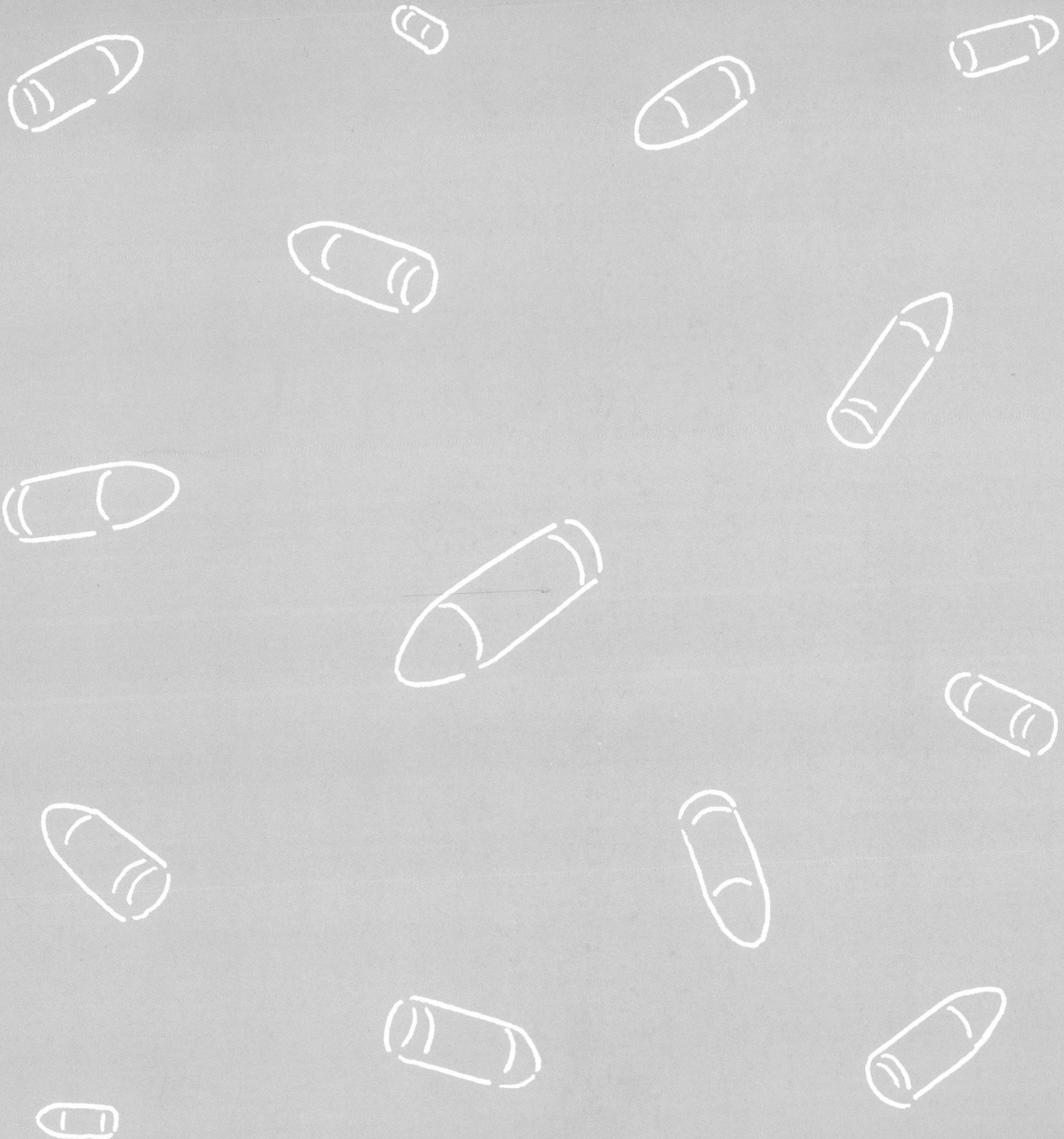